Im Jahre 2889

Eine Skizze aus der Zukunft von
Michel Verne

Aus dem Englischen von Meiko Richert

Edition Dornbrunnen

Kleine Dornbrunnen Bibliothek

Übersetzung aus dem Englischen von Meiko Richert
(In the Year 2889)

Korrekturen und Lektorat: Volker Dehs und Dirk Seliger PEGASAU

Die Deutsche Nationalbibliothek verzeichnet diese Publikation in der Deutschen Nationalbibliografie; detaillierte bibliografische Daten sind im Internet über
http://dnb.d-nb.de
abrufbar.

2023

ISBN 978-3-943275-67-4

Sven-R. Schulz, Dornbrunner Straße 16, 12437 Berlin
www.edition-dornbrunnen.de
Titelgestaltung: Sven-R. Schulz

Druck und Vertrieb: Books on Demand GmbH, Norderstedt
PNKDB13

Inhalt

Im Jahre 2889

Obwohl es den Anschein hat, dass sie sich dessen kaum bewusst sind, leben die Menschen dieses neunundzwanzigsten Jahrhunderts unentwegt in einem Märchenland. Übersättigt von Wundern, stehen sie jedem neuen Wunder gleichgültig gegenüber. Ihnen erscheint alles ganz natürlich. Könnten sie die zivilisatorischen Errungenschaften unserer Zeit doch nur gebührend würdigen; könnten sie die Gegenwart doch nur mit der Vergangenheit vergleichen und so den Fortschritt, den wir gemacht haben, besser begreifen! Um wie vieles schöner erschienen ihnen unsere modernen Städte mit ihren manchmal bis zu 10 000 000 Einwohnern, mit ihren 300 Fuß[1] breiten Straßen und 1000 Fuß hohen Häusern, mit ihren zu allen Jahreszeiten gleichbleibenden Temperaturen, mit ihren fliegenden Verkehrsmitteln, die den Himmel in alle Richtungen durchqueren. Wenn sie sich doch nur vor Augen führen würden, wie es früher war, als es kein anders Fortbewegungsmittel gab als Kisten auf Rädern, die durch schlammige Stra-

[1] 1 Fuß = durchschnittlich etwa 30 cm.

ßen rumpelten und von Pferden – ja, von Pferden! – gezogen wurden. Denken Sie an die Eisenbahnen von damals, und Sie werden die pneumatischen Röhren, in denen man heute mit 1000 Meilen pro Stunde reist, zu schätzen wissen. Würden unsere Zeitgenossen das Telefon und das Telefot (Bildtelefon) nicht viel mehr achten, wenn sie den Telegrafen nicht vergessen hätten?

Seltsamerweise beruhen all diese Umwandlungen auf Prinzipien, mit denen unsere Vorfahren zwar vertraut waren, denen sie aber keine Beachtung schenkten. Die Wärme zum Beispiel ist so alt wie der Mensch selbst; die Elektrizität war schon vor 3000 Jahren bekannt und der Dampf vor 1100 Jahren. Nun, und bereits vor zehn Jahrhunderten wusste man, dass sich die diversen chemischen und physikalischen Kräfte nur in der Schwingungsart ihrer jeweiligen ätherischen Partikel unterscheiden. Als schließlich die Verwandtschaft all dieser Kräfte entdeckt wurde, mussten noch einmal erstaunliche 500 Jahre vergehen, bevor man die verschiedenen Schwingungsarten, die diese Unterschiede ausmachen, analysieren und beschreiben konnte. Merkwürdig ist vor allem, dass die Art und Weise, wie man diese Kräfte direkt voneinander oder unabhängig voneinander reproduzieren kann, bis vor knapp einhundert Jahren unentdeckt geblieben ist. Doch dies war der Lauf der Dinge, denn erst im Jahre 2792 machte der berühmte Oswald Nier diese große Entdeckung.

Er war wirklich ein großer Wohltäter der Menschheit. Seine vortreffliche Entdeckung führte zu vielen weiteren. Eine ganze Schar von Erfindern folgte ihm nach, deren hellster Stern unser großer Joseph Jackson ist. Jackson verdanken wir die neuen Akkumulatoren, diese wunderbaren Apparate. Einige von ihnen absorbieren und verdichten die in den Sonnenstrahlen enthaltene elektrische Kraft, andere die in unserer Erdkugel gespeicherte Elektrizität, wieder andere die aus einer beliebigen Quelle – aus Wasserfällen, Strömen oder Winden – stammende Energie. Er war es auch, der den Transformator erfand, eine noch großartigere Apparatur, welche die elektrische Kraft aus dem Akkumulator bezieht und sie dem Raum durch einfachen Knopfdruck in jeder gewünschten Form zurückgibt, sei es als Wärme, Licht, Elektrizität oder mechanische Kraft, nachdem man zuvor die erforderliche Leistung von ihr erhalten hat. Der Tag, an dem diese beiden Geräte erfunden wurden, markiert den Beginn der Ära des wahren Fortschritts. Sie haben dem Menschen eine fast unbegrenzte Macht in die Hand gegeben; ihre Anwendungsmöglichkeiten sind endlos. Indem sie die überschüssige, während des Sommers gespeicherte Wärme an die Atmosphäre zurückgeben, haben sie die Landwirtschaft revolutioniert und die Unbilden des Winters gemildert. Indem sie der Luftschifffahrt die Antriebskraft liefern, haben sie dem Handel einen mächtigen Impuls gegeben. Ihnen verdanken wir die kontinuierliche Erzeugung von Elektrizität ohne Batterien oder Dynamos, von Licht ohne Verbrennung oder Weißglut und eine unterbrechungsfreie Versorgung aller Zweige der Industrie mit mechanischer Energie.

Ja, all diese Wunder haben der Akkumulator und der Transformator vollbracht. Und können wir nicht auch dieses neueste all dieser Wunder, das große Gebäude des *Earth Chronicle* in der Avenue 253d, das kürzlich eingeweiht wurde, auf sie zurückführen? Was würde George Washington Smith denken, der Gründer des *Manhattan Chronicle*, wenn er heute wieder ins Leben zurückkehren und erfahren würde, dass dieser Palast aus Marmor und Gold seinem Nachfahren Fritz Napoleon Smith gehört, der dreißig Generationen später Eigentümer der gleichen Zeitung ist, die sein Vorfahre einst gegründet hat!

Denn George Washington Smiths Zeitung hatte Generation für Generation überdauert, verschwand manchmal aus dem Familienbesitz, nur um bald darauf in diesen zurückzukehren. Als vor 200 Jahren das politische Zentrum der Vereinigten Staaten von Washington nach Centropolis verlegt wurde, folgte die Zeitung der Regierung und nahm den Namen *Earth Chronicle* an. Unglücklicherweise war sie nicht in der Lage, das hohe Ansehen ihres Namens zu bewahren. Von allen Seiten durch konkurrierende Zeitungen moderneren Typs bedrängt, stand sie fortwährend am Rande des Ruins. Vor zwanzig Jahren umfasste ihre Abonnentenliste nur einige hunderttausend Namen, doch dann kaufte Fritz Napoleon Smith sie für einen Spottpreis und rief den Telefonjournalismus ins Leben.

Jeder kennt Fritz Napoleon Smiths System – ein System, das durch die enorme Entwicklung der Telefonie in den letzten hundert Jahren möglich gemacht wurde. Anstatt gedruckt zu werden, wird der *Earth Chronicle* jeden Morgen seinen Abonnenten vorgelesen, die in interessanten Gesprächen mit Reportern, Staatsmännern und Wissenschaftlern die Nachrichten des Tages erfahren. Außerdem besitzt jeder Abonnent einen Fonografen, und diesem Instrument überlässt er die Aufgabe, die Nachrichten zu speichern, wenn er gerade nicht in der Stimmung ist, sie sich selbst anzuhören. Was die Käufer von Einzelexemplaren anbelangt, so können sie zu einem sehr geringen Preis alles, was in der Tagesausgabe steht, an einem der zahllosen, fast überall eingerichteten Fonografen erfahren.

Fritz Napoleon Smiths Innovation elektrisierte die alte Zeitung. Im Laufe weniger Jahre wuchs die Zahl ihrer Abonnenten auf 85 000 000 an, und Smiths Vermögen wuchs im gleichen Maße weiter, bis es jetzt die fast unvorstellbare Summe von 10 000 000 000 Dollar erreicht hat. Dieser glückliche Schachzug hat es ihm ermöglicht, sein neues Gebäude zu errichten, ein gewaltiges Bauwerk mit vier *façades* von je 3250 Fuß Länge, über dem stolz die mit hundert Sternen besetzte Flagge der Union weht. Derselbe glückliche Schachzug hat ihn zum König des Zeitungswesens gemacht, und wenn die Amerikaner jemals einen König akzeptieren könnten, wäre er tatsächlich auch der König aller Amerikaner. Sie glauben das nicht? Nun, dann sehen Sie sich an, wie die Botschafter aller Nationen und sogar unsere eigenen Minister sich vor seiner Tür drängen, seinen Rat ersuchen, um seine Zustimmung betteln und die Hilfe seines allmächtigen Organs anflehen. Zählen Sie die Menge der Wissenschaftler und Künstler, die er unterstützt, und der Erfinder, die auf seiner Lohnliste stehen.

Ja, ein König ist er. Und um die Wahrheit zu sagen, ist sein Königtum voller Bürden. Seine Mühen sind endlos, und es besteht keinerlei Zweifel daran, dass in früheren Zeiten jeder Mann unter der überwältigenden Last der Arbeit, die Mr. Smith zu leisten hat, zusammengebrochen wäre. Zu seinem Glück haben die Menschen dank des Fortschritts der Hygiene, die alle alten Krankheitsursachen beseitigt und die durchschnittliche menschliche Lebenserwartung von 37 auf 52 Jahre angehoben hat, heute eine stärkere Konstitution als damals. Die Entdeckung der nahrhaften Luft liegt noch in der Zukunft, aber bis es soweit ist, verzehren die Menschen heute Nahrungsmittel, die nach wissenschaftlichen Grundsätzen zusammengesetzt und zubereitet sind, und sie atmen eine Atmosphäre, die von den Mikroorganismen, die früher in ihr wimmelten, befreit ist. Kurz, sie leben länger als ihre Vorfahren und wissen nichts von den unzähligen Krankheiten der alten Zeiten.

Dennoch – trotz all dieser Betrachtungen mag uns die Lebensweise von Fritz Napoleon Smith erstaunen. Seine eiserne Konstitution wird durch die schwere Belastung, unter der sie steht, bis zum Äußersten strapaziert. Vergeblich wollte man versuchen zu schätzen, welche Menge an Arbeit er leistet; nur ein Beispiel kann eine Vorstellung davon geben. Begleiten wir ihn also und sehen ihm einen Tag lang bei der Erledigung seiner vielfältigen Aufgaben zu. Welcher Tag? Das spielt keine Rolle, denn ein Tag gleicht dem anderen. Entscheiden wir uns also ganz zufällig für den 25. September dieses Jahres 2889.

An diesem Morgen erwacht Fritz Napoleon Smith mit sehr schlechter Laune. Da seine Frau seit acht Tagen in Frankreich weilt, fühlt er sich niedergeschlagen. So unglaublich es klingt, doch dies ist das erste Mal in den zehn Jahren ihrer Ehe, dass Mrs. Edith Smith, eine *professional beauty*, so lange von zu Hause weg ist; normalerweise genügen zwei oder drei Tage für ihre häufigen Reisen nach Europa. Das erste, was Mr. Smith tut, ist, sein Fonotelefot anzuschließen, dessen Kabel mit seinem Pariser Wohnsitz verbunden sind. Das Telefot! Dies ist ein weiterer großer Triumph der Wissenschaft unserer Zeit. Die Übertragung von Sprache ist ein alter Hut; die Übertragung von Bildern mittels lichtempfindlicher, durch Drähte verbundener Spiegel ist dagegen erst seit Kurzem möglich. Eine nützliche Erfindung, in der Tat, und Mr. Smith geizt an diesem Morgen nicht mit Segnungen für ihren Erfinder, da er seine Frau jetzt trotz der Entfernung, die ihn von ihr trennt, ganz deutlich sehen kann. Mrs. Smith, die nach dem Ball oder dem Theaterbesuch in der vorigen Nacht erschöpft ist, liegt noch im Bett, obwohl es in Paris schon fast Mittag ist. Sie schläft; ihr Kopf ist in die spitzenbedeckten Kissen gesunken. Was? Rührt sie sich? Ihre Lippen bewegen sich. Träumt sie vielleicht? Ja, sie träumt. Sie spricht, spricht einen Namen aus, seinen Namen – Fritz! Dieser entzückende Anblick gibt Mr. Smiths Gedanken eine glücklichere Wendung. Und nun, da ihn dringende Pflichten rufen, springt er unbeschwert aus dem Bett und betritt seine mechanische Ankleidekommode.

Zwei Minuten später setzt ihn die Maschine fertig angezogen an der Türschwelle seines Büros ab. Das Tagewerk journalistischer Arbeit hat begonnen. Zuerst betritt er den Saal der Romanautoren, einer weiten Etage, die von einer gewaltigen transparenten Kuppel gekrönt wird. In einer Ecke steht ein Telefon, durch das hundert *littérateurs* des *Earth Chronicle* dem Publikum der Reihe nach in täglichen Fortsetzungen hundert Romane vorlesen. Zu einem dieser Autoren, der darauf wartet, dass er an der Reihe ist, sagt er: »Großartig, mein lieber Kollege, Ihre letzte Geschichte ist großartig! Die Szene, in der die Dorfmaid mit ihrem Liebhaber über interessante philosophische Probleme diskutiert, zeigt Ihre scharfe Beobachtungsgabe. Noch nie sind die Gewohnheiten der Landbevölkerung besser dargestellt worden. Weiter so, mein lieber Archibald, weiter so! Dank Ihnen haben wir seit gestern 5000 neue Abonnenten gewonnen.«

»Mr. John Last«, setzt er wieder an und wendet sich an einen Neuankömmling, »mit Ihrer Arbeit bin ich nicht so zufrieden. Ihre Geschichte ist kein Abbild des Lebens; ihr fehlen die wahrhaftigen Elemente. Und warum? Ganz einfach, weil Sie geradewegs auf das Ende zulaufen, weil Sie nicht analysieren. Ihre Helden tun dieses oder jenes aus diesem oder jenem Motiv heraus, das Sie ihnen zuweisen, ohne auch nur einmal daran zu denken, ihre geistige und sittliche Natur zu untersuchen. Unsere Gefühle, denken Sie daran, sind weitaus komplexer als all das. Im wahren Leben ist jede Handlung das Ergebnis von hundert flüchtigen Gedanken, und jeden einzelnen davon müssen Sie studieren, wenn Sie einen lebendigen Charakter erschaffen wollen. ›Aber‹, werden Sie sagen, ›um diese flüchtigen Gedanken festzuhalten, muss man sie kennen, muss man in der Lage sein, ihnen in ihren kapriziösen Windungen zu folgen‹. Aber das kann doch jedes Kind, wie Sie wohl wissen. Man muss doch lediglich die elektrische oder natürliche Hypnose anwenden, die einem ein gespaltenes Wesen liefert, mit dem man beobachten und die Beweggründe der handelnden Persönlichkeit sehen, verstehen und im Gedächtnis behalten kann. Erforschen Sie sich doch einfach selbst, wie Sie tagein, tagaus leben, mein lieber Last. Ahmen Sie Ihren Kollegen nach, den ich soeben beglückwünscht habe. Lassen Sie sich hypnotisieren. Wie bitte? Sie haben es schon versucht? Dann noch nicht genug, noch nicht genug!«

Mr. Smith setzt seine Runde fort und betritt den Saal der Reporter. Hier sitzen 1500 Reporter an ihren jeweiligen Plätzen vor einer gleichen Anzahl von Telefonen und übermitteln den Abonnenten die in der Nacht gesammelten Nachrichten aus aller Welt. Die Organisation dieses beispiellosen Dienstes ist schon oft beschrieben worden. Wie der Leser weiß, hat jeder Reporter neben seinem Telefon eine Reihe von Schaltern vor sich, die es ihm ermöglichen, eine Verbindung zu jeder gewünschten telefotischen Leitung aufzubauen. Auf diese Weise können die Abonnenten nicht nur die Nachrichten hören, sondern auch die Vorgänge sehen. Wenn ein Ereignis beschrieben wird, das bereits vergangen ist, werden Fotografien der wichtigsten Einzelheiten zusammen mit dem Bericht übermittelt. Somit gibt es keine Verwirrung. Die Berichte der Reporter, die unterschiedlichen Artikel und alle anderen Inhalte der Zeitung werden automatisch nach einem raffinierten System sortiert und erreichen den Hörer in der richtigen Reihenfolge. Außerdem steht es den Zuhörern frei, nur das zu hören, was sie besonders interessiert. Ganz nach Belieben können sie dem einen Redakteur ihre Aufmerksamkeit schenken und sie einem anderen verweigern.

Als Nächstes wendet sich Smith an einen der zehn Reporter in der astronomischen Abteilung – einer Abteilung, die sich noch im Aufbau befindet, in Zukunft aber eine wichtige Rolle im Journalismus spielen wird.

»Nun, Cash, was gibt es Neues?«

»Wir haben Fototelegramme von Merkur, Venus und Mars.«

»Sind die vom Mars von Interesse?«

»Ja, in der Tat. Es gibt eine Revolution im Zentralreich.«

»Und was ist mit Jupiter?«, fragt Mr. Smith.

»Bis jetzt noch nichts. Wir können ihre Signale nicht richtig entschlüsseln. Vielleicht erreichen unsere Botschaften sie gar nicht.«

»Das ist schlecht«, ruft Mr. Smith und enteilt, nicht in bester Laune, in Richtung des Saals der wissenschaftlichen Redakteure.

Die Köpfe von dreißig Wissenschaftlern sind über ihre elektrischen Rechenanlagen gebeugt und in transzendentale Berechnungen vertieft. Mr. Smith schlägt wie eine Bombe in ihren Reihen ein.

»Nun, meine Herren, was muss ich da hören? Keine Antwort von Jupiter? Soll das ewig so weitergehen? Kommen Sie, Cooley, Sie arbeiten jetzt seit zwanzig Jahre an diesem Problem, und doch …«

»Das ist ja richtig«, antwortet der Angesprochene. »Unsere Wissenschaft der Optik ist noch äußerst unvollkommen, und obwohl unsere Teleskope eine Länge von eindreiviertel Meilen haben …«

»Hören Sie sich das an, Peer«, unterbricht ihn Mr. Smith und wendet sich an einen zweiten Wissenschaftler. »Die Wissenschaft der Optik ist unvollkommen! Die Optik ist Ihr Spezialgebiet. Aber«, fährt er fort und dreht sich wieder zu William Cooley um, »wenn wir schon beim Jupiter scheitern, bekommen wir wenigstens irgendwelche Ergebnisse vom Mond?«

»Dort sieht es nicht besser aus.«

»Diesmal schieben Sie die Schuld nicht auf die Wissenschaft der Optik. Der Mond ist sehr viel weniger weit entfernt als der Mars, doch die Verbindung mit dem Mars ist problemlos möglich. Ich nehme an, Sie wollen nicht sagen, dass Ihnen die Teleskope fehlen?«

»Teleskope? Oh nein, das Problem sind hier die … die Bewohner!«

»So, der Mond ist also wirklich unbewohnt?«, fragt Mr. Smith.

»Zumindest«, antwortet Cooley, »auf der uns zugewandten Seite. Was die andere Seite betrifft, wer weiß?«

»Ah, die andere Seite! Sie glauben also«, sagt Mr. Smith nachdenklich, »dass, wenn man nur …«

»Wenn man nur *was*?«

»Nun, den Mond umdrehen könnte.«

»Ah, da ist etwas dran«, rufen beide Männer gleichzeitig. Und tatsächlich wirken sie so zuversichtlich, als hegen sie keinerlei Zweifel an dem Gelingen eines solchen Unterfangens.

»Und ansonsten gibt es heute keine interessanten Neuigkeiten?«, fragt Mr. Smith nach einem Moment des Schweigens.

»Doch, die gibt es«, antwortet Cooley. »Die Eigenschaften des Olympus sind endgültig festgelegt worden. Dieser große Planet bewegt sich jenseits des Neptun in einer mittleren Entfernung von 11 400 799 642 Meilen von der Sonne, und für seine gewaltige Umlaufbahn benötigt er 1311 Jahre, 294 Tage, 12 Stunden, 43 Minuten und 9 Sekunden.«

»Warum haben Sie mir das nicht schon früher gesagt?«, ruft Mr. Smith. »Informieren Sie unverzüglich die Reporter darüber. Sie wissen, wie neugierig die Öffentlichkeit auf solche astronomischen Fragen ist. Diese Nachricht muss noch in der heutigen Ausgabe erscheinen.«

Dann verbeugen sich die beiden Männer vor ihm und Mr. Smith betritt den nächsten Saal, eine riesige Galerie mit einer Länge von mehr als 3200 Fuß, in der man sich der atmosphärischen Werbung widmet. Jeder kennt diese immensen, auf die Wolken projizierten Werbeanzeigen, die so groß sind, dass sie von der Bevölkerung ganzer Städte oder sogar ganzer Länder gesehen werden können. Auch dies ist eine der Ideen von Fritz Napoleon Smith, und im Gebäude des *Earth Chronicle* sind ständig etwa tausend Projektoren damit beschäftigt, diese riesenhaften Reklametafeln in die Wolken zu schicken.

Als Mr. Smith heute die Abteilung für Himmelswerbung betritt, sitzen die Mitarbeiter mit verschränkten Armen vor ihren bewegungslosen Projektoren. Er erkundigt sich nach dem Grund für ihre Untätigkeit. Als Antwort auf die Frage deutet der Angesprochene nur auf den Himmel, der von makellosem Blau ist. »Ja«, murmelt Mr. Smith, »ein wolkenloser Himmel! Das ist schlecht, aber was sollen wir machen? Sollen wir Regen produzieren? Das könnten wir tun, aber nützt es etwas? Wir brauchen Wolken, keinen Regen. Gehen Sie«, wendet er sich an den Chefingenieur, »und suchen Sie Mr. Samuel Mark aus dem meteorologischen Bereich der wissenschaftlichen Abteilung. Richten Sie ihm aus, er soll sich ernsthaft mit der Frage künstlicher Wolken befassen. Es kann nicht sein, dass wir ständig von wolkenlosem Himmel abhängig sind!«

Mr. Smiths täglicher Rundgang durch die verschiedenen Abteilungen seiner Zeitung ist nun beendet. Als Nächstes geht er von der Anzeigenhalle in das Empfangszimmer, wo die von der amerikanischen Regierung zugelassenen Botschafter auf ihn warten und ein Wort des Beistandes oder einen Ratschlag des allgewaltigen Herausgebers wünschen. Als er eintritt, ist eine Diskussion im Gange. »Eure Exzellenz werden verzeihen«, sagt der französische Botschafter zum Vertreter Russlands, »aber ich sehe auf der Landkarte Europas nichts, das einer Veränderung bedarf. ›Der Norden den Slawen?‹ Aber ja, natürlich; aber der Süden den Romanen. Unsere gemeinsame Grenze, der Rhein, scheint mir seine Aufgabe sehr gut zu erfüllen. Im Übrigen sollten Sie wissen, dass sich meine Regierung entschieden jeder Maßnahme widersetzen wird, die sich gegen unsere Hauptstadt Paris, unsere beiden großen Präfekturen Rom und Madrid oder gegen das Königreich Jerusalem richtet, das Herrschaftsgebiet des heiligen Petrus, dessen treuer Verteidiger Frankreich zu sein gedenkt.«

»Gut gesprochen«, ruft Mr. Smith aus. »Wie kommt es«, fragt er, an den russischen Botschafter gewandt, »dass ihr Russen nicht mit eurem riesigen Reich zufrieden seid, dem größten der Welt, das sich von den Ufern des Rheins bis zum Himmelsgebirge und dem Karakorum erstreckt und dessen Küsten vom Eismeer, dem Atlantik, dem Mittelmeer und dem Indischen Ozean umspült werden? Wozu also diese Drohungen? Ist ein Krieg angesichts der modernen Erfindungen überhaupt möglich? Giftgas-Granaten, die eine Entfernung von 60 Meilen überwinden können; ein elektrischer Funke, der aus einer Distanz von 90 Meilen mit einem Schlag ein ganzes Bataillon auslöschen kann; ganz zu schweigen von der Pest, der Cholera, dem Gelbfieber, welche die kriegführenden Nationen gegenseitig unter ihren Kontrahenten verbreiten könnten und die in wenigen Tagen die größten Armeen vernichten würden?«

»Richtig«, antwortet der Russe, »aber können wir alles tun, was wir wollen? Was uns Russen betrifft, die wir an unserer Ostgrenze von den Chinesen bedrängt werden, so müssen wir um jeden Preis unsere Kräfte für einen Vorstoß nach Westen zusammenziehen.«

»Oh, ist das alles? In diesem Fall«, sagt Mr. Smith, »kann die Sache geregelt werden. Ich werde mit dem Außenminister darüber sprechen. Die chinesische Regierung wird sich der Angelegenheit widmen. Es ist nicht das erste Mal, dass die Chinesen uns Sorgen machen.«

»Unter diesen Umständen, natürlich …« Und der russische Botschafter erklärt sich zufrieden.

»Ah, Sir John, was kann ich für Sie tun?«, wendet sich Mr. Smith an den Vertreter des britischen Volkes, der bis jetzt geschwiegen hat.

»Eine ganze Menge«, lautet die Antwort. »Wenn der *Earth Chronicle* nur eine Kampagne für uns starten würde … für die Aufhebung des Kongressbeschlusses, mit dem die britischen Inseln von den Vereinigten Staaten annektiert wurden.«

Obwohl Großbritannien durch eine bloße Änderung der Umstände zu einer Kolonie der Vereinigten Staaten geworden ist, haben sich die Engländer noch immer nicht damit abgefunden. In regelmäßigen Abständen richten sie nutzlose Beschwerdebriefe an die amerikanische Regierung.

»Eine Kampagne gegen die Annexion, die seit 150 Jahren eine vollendete Tatsache ist«, ruft Mr. Smith aus. »Wie kommt Ihr Volk auf den Gedanken, dass ich so etwas Unpatriotisches tun würde?«

»Wir zu Hause sind der Meinung, dass Ihr Volk jetzt gesättigt sein muss. Die Monroe-Doktrin ist vollständig umgesetzt; ganz Amerika gehört den Amerikanern. Was wollen Sie denn noch? Im Übrigen werden wir für das, was wir verlangen, bezahlen.«

»In der Tat«, antwortet Mr. Smith ohne das geringste Zeichen von Ärger. »Nun, ihr Engländer werdet wohl immer die Gleichen bleiben. Nein, nein, Sir John, rechnen Sie nicht mit meiner Hilfe. Unsere schönste Provinz aufgeben, Großbritannien? Warum bitten Sie Frankreich nicht darum, großzügigerweise auf den Besitz Afrikas zu verzichten, jene herrliche Kolonie, deren vollständige Eroberung sie 800 Jahre Arbeit gekostet hat? Da wird man Sie schön empfangen!«

»Sie lehnen ab! Dann ist alles aus!«, murmelt der britische Agent traurig. »Das Vereinigte Königreich fällt an die Amerikaner, Indien an die …«

»Die Russen«, vollendet Mr. Smith den Satz.

»Australien …«

»Hat eine unabhängige Regierung.«

»Dann bleibt uns gar nichts mehr!«, seufzt Sir John betrübt.

»Nichts?«, fragt Mr. Smith lachend. »Da ist doch noch Gibraltar!«

Mit dieser spaßigen Einlage endet die Audienz. Die Uhr schlägt zwölf, die Stunde des Frühstücks. Mr. Smith kehrt in sein Gemach zurück. Dort, wo am Morgen das Bett stand, gleitet nun ein gedeckter Tisch aus dem Boden. Mr. Smith, der vor allem ein praktischer Mensch ist, hat das Problem der Existenz auf seine einfachsten Aspekte reduziert. Anstelle der endlosen Zimmerfluchten alter Zeiten genügt ihm ein einziger Raum, der mit genialen mechanischen Vorrichtungen ausgestattet ist. Hier schläft er, nimmt seine Mahlzeiten ein, kurz: hier lebt er.

Er lässt sich nieder. Im Spiegel des Fonotelefots sieht man dasselbe Pariser Zimmer wie heute Morgen. Auch hier steht ein gedeckter Tisch bereit, da Mr. Smith und seine Frau der Zeitverschiebung zum Trotz vereinbart haben, ihre Mahlzeiten gemeinsam einzunehmen. Es ist ganz reizend, mit jemandem *tête-à-tête* zu frühstücken, der 3000 Meilen oder mehr entfernt ist. Im Augenblick ist das Zimmer von Mrs. Smith leer.

»Sie ist zu spät! Die Pünktlichkeit der Frau! Fortschritt überall, nur nicht hier«, murmelt Mr. Smith und öffnet das Ventil für das erste Gericht. Denn wie alle reichen Leute unserer Tage hat Mr. Smith die häusliche Küche aufgegeben und ist ein Kunde der Großen Ernährungsgesellschaft geworden, die durch ein gewaltiges Rohrnetzwerk allerlei Gerichte in die Wohnungen der Abonnenten schickt. Ein abwechslungsreiches Menü steht allzeit bereit. Das Abonnement ist zwar ein wenig kostspielig, aber die Küche ist vom Feinsten, und das System hat den Vorteil, dass es die lästige Bande der *cordon-bleus* (Meisterköche) überflüssig macht. Mr. Smith empfängt und isst das aus *hors-d'oeuvre*, *entrées*, *rôti* und *legumes* bestehende Mahl ganz allein. Er ist gerade mit dem Dessert fertig, als Mrs. Smith im Spiegel des Telefots erscheint.

»Wo warst du denn?«, fragt Mr. Smith durch das Telefon.

»Was! Du bist schon beim Dessert? Dann bin ich zu spät«, ruft sie mit gewinnender *naïveté* aus. »Wo ich war, fragst du? Natürlich bei meiner Schneiderin. Die Hüte in dieser Saison sind einfach traumhaft! Ich habe wohl vergessen, auf die Zeit zu achten und bin deshalb ein wenig spät dran.«

»Ja, ein wenig«, brummt Mr. Smith, »so wenig, dass ich schon mit dem Frühstück fertig bin. Entschuldige, dass ich dich schon verlasse, aber ich muss gehen.«

»Oh, sicher, mein Lieber. Auf Wiedersehen bis zum Abend.«

Smith steigt in seinen Luftwagen, der an einem Fenster auf ihn wartet. »Wohin möchten Sie, Sir?«, erkundigt sich der Fahrer.

»Mal schauen, ich habe drei Stunden Zeit«, überlegt Mr. Smith. »Jack, bringen Sie mich zu meiner Akkumulatorenfabrik am Niagara.«

Mr. Smith hat nämlich einen Teil der Niagarafälle gepachtet. Jahrhundertelang blieb die von den Wasserfällen produzierte Energie ungenutzt. Indem er Jacksons Erfindung anwandte, speichert Smith nun diese Energie und vermietet oder verkauft sie. Sein Besuch der Fabrik nimmt mehr Zeit in Anspruch, als er erwartet hat. Es ist vier Uhr, als er nach Hause zurückkehrt, gerade rechtzeitig zur täglichen Audienz, die er seinen Besuchern gewährt.

Man kann sich vorstellen, dass ein Mann in einer Position wie Smith mit Anfragen aller Art bedrängt wird. Mal ist es ein Erfinder, der Kapital benötigt, dann wieder ein Visionär, der einen genialen Plan vorstellt, der sicherlich Millionen einbringen wird. Unter diesen Projekten muss eine Auswahl getroffen werden: Die wertlosen müssen abgelehnt, die fragwürdigen geprüft und die lohnenswerten akzeptiert werden. Dieser Arbeit widmet Mr. Smith jeden Tag zwei ganze Stunden.

Heute sind es weniger Besucher als üblich – nur zwölf. Acht von ihnen haben nur unbrauchbare Ideen. Einer schlägt sogar vor, die Malerei wiederzubeleben, eine Kunst, die wegen des Fortschritts in der Farbfotografie aus der Mode gekommen ist. Ein anderer, ein Arzt, rühmt sich, ein Mittel gegen den

Schnupfen entdeckt zu haben! Diese unpraktischen Ideen werden kurzerhand abgelehnt. Das erste der vier positiv aufgenommenen Projekte ist das eines jungen Mannes, dessen breite Stirn auf seine intellektuellen Fähigkeiten schließen lässt.

»Sir, ich bin ein Chemiker«, beginnt er, »und als solcher komme ich zu Ihnen.«

»Nun gut!«

»Einst glaubte man, es gäbe zweiundsechzig Elemente«, sagt der junge Chemiker. »Vor hundert Jahren wurden sie auf zehn reduziert; nun bleiben nur noch drei übrig, wie Sie wohl wissen.«

»Ja, ja.«

»Nun, Sir, auch bei diesen werde ich beweisen, dass sie sich reduzieren lassen. In ein paar Monaten, in ein paar Wochen wird es mir gelungen sein, das Problem zu lösen. Vielleicht dauert es sogar nur ein paar Tage.«

»Und dann?«

»Dann, Sir, werde ich das Absolute bestimmt haben. Alles, was ich brauche, ist genug Geld, um meine Forschung erfolgreich abschließen zu können.«

»Sehr gut«, sagt Mr. Smith. »Und was wird der praktische Nutzen Ihrer Entdeckung sein?«

»Der praktische Nutzen? Nun, dass wir ganz einfach in der Lage sein werden, Körper aller Art herzustellen – Stein, Holz, Metall, Fasern …«

»Auch Fleisch und Blut?«, unterbricht ihn Mr. Smith. »Wollen Sie etwa behaupten, dass Sie damit rechnen, ein wirkliches menschliches Lebewesen herstellen zu können?«

»Warum nicht?«

Mr. Smith gibt dem jungen Chemiker einen Vorschuss von 100 000 Dollar und eine Stelle im Labor des *Earth Chronicle*.

Der zweite der vier erfolgreichen Bewerber ist, ausgehend von Experimenten, die man seit dem neunzehnten Jahrhundert immer und immer wieder durchgeführt hat, auf den Gedanken gekommen, eine ganze Stadt von einem Ort zum anderen zu versetzen. Sein besonderes Projekt betrifft die Stadt Granton, die sich – wie jeder weiß – etwa fünfzehn Meilen landeinwärts befindet. Er schlägt vor, die Stadt auf Schienen zu transportieren und in ein Seebad zu verwandeln. Der Gewinn wäre natürlich enorm. Mr. Smith, ganz entzückt von dieser Idee, erwirbt eine fünfzigprozentige Beteiligung.

»Wie Sie wissen, Sir«, beginnt der dritte Bittsteller, »sind wir mit unseren solaren und terrestrischen Akkumulatoren und Transformatoren in der Lage, alle Jahreszeiten einander anzugleichen. Ich möchte aber noch etwas Besseres vorschlagen: Einen Teil der uns zur Verfügung stehenden überschüssigen Energie in Wärme umzuwandeln und diese Wärme an die Pole weiterzuleiten; dann werden die von ihrer Schneekappe befreiten Polarregionen zu einem gewaltigen Gebiet, das uns Menschen zur Verfügung steht. Was halten Sie von diesem Vorhaben?«

»Lassen Sie mir Ihre Pläne hier und kommen Sie in einer Woche wieder. In der Zwischenzeit werde ich sie prüfen lassen.«

Die Vierte kündigt schließlich die baldige Lösung eines bedeutenden wissenschaftlichen Problems an. Jeder wird sich des kühnen Experiments erinnern, das vor hundert Jahren von Dr. Nathaniel Faithburn durchgeführt wurde. Der Arzt, der fest an den Kälteschlaf des Menschen glaubte – also an die Möglichkeit, die Lebensfunktionen zu unterbrechen und nach einiger Zeit wieder in Kraft zu setzen –, beschloss, diese Theorie einem praktischen Test zu unterziehen. Zu diesem Zweck machte er zuerst sein Testament und legte darin die geeignete Methode seiner Wiedererweckung fest. Nachdem er außerdem angeordnet hatte, dass sein Schlaf vom Tage seines vermeintlichen Todes an einhundert Jahre andauern sollte, probierte er die Theorie ohne zu zögern an seiner eigenen Person aus.

In den Zustand einer Mumie versetzt, wurde Dr. Faithburn bestattet und in eine Gruft gelegt. Die Zeit verging. Der 25. September 2889 soll nun der Tag seiner Wiedererweckung sein, und Mr. Smith wird der Vorschlag unterbreitet, den zweiten Teil des Experiments an diesem Abend in seiner Wohnung durchführen zu lassen.

»Einverstanden. Seien Sie um zehn Uhr hier«, sagt Mr. Smith – und damit ist die Audienz für den heutigen Tag beendet.

Sich selbst überlassen, lässt er sich müde auf einem ausziehbaren Sessel nieder. Dann drückt er auf einen Knopf und stellt die Verbindung mit dem zentralen Konzertsaal her, aus dem unsere größten Maestros den Abonnenten ihre wunderbaren, von geheimen algebraischen Formeln bestimmten Akkordfolgen schicken. Die Nacht bricht an. Von der Harmonie verzaubert, achtet Smith nicht auf die Zeit und bemerkt auch nicht, dass es dunkel wird. Es ist schon ganz finster, als er durch das Geräusch einer sich öffnenden Tür aufgeschreckt wird. »Wer ist da?«, fragt er und berührt einen Schalter. Als Folge der erzeugten Schwingungen wird es plötzlich hell.

»Ah, sind Sie es, Doktor?«

»Ja«, erklingt die Antwort. »Wie geht es Ihnen?«

»Ich fühle mich wohl.«

»Gut! Lassen Sie mich Ihre Zunge sehen. In Ordnung! Ihr Puls? Regelmäßig! Und Ihr Appetit?«

»Nur mittelmäßig.«

»Ja, der Magen. Da liegt der Hund begraben. Sie sind überarbeitet. Wenn Ihr Magen nicht mehr funktioniert, muss er repariert werden. Das erfordert einige Untersuchungen. Wir müssen darüber nachdenken.«

»In der Zwischenzeit«, sagt Mr. Smith, »werden Sie mit mir zu Abend essen.«

Wie am Morgen gleitet der Tisch aus dem Boden. Und ebenso wie am Morgen werden *potage*, *rôti*, *ragoûts* und *legumes* durch das Rohrsystem serviert. Gegen Ende der Mahlzeit wird eine fonotelefotische Verbindung mit Paris aufgebaut. Smiths Frau sitzt allein am Tisch und sieht alles andere als erfreut über ihre Einsamkeit aus.

»Verzeih, meine Liebe, dass ich dich allein gelassen habe«, sagt er durch das Telefon. »Ich war mit Dr. Wilkins zusammen.«

»Ah, der gute Doktor!«, antwortet Mrs. Smith, und ihre Miene hellt sich auf.

»Ja. Aber sag, wann kommst du nach Hause?«

»Heute Abend.«

»Sehr gut. Kommst du mit der Untergrund- oder mit der Luftbahn?«

»Oh, mit der Untergrundbahn.«

»Gut, und um wieviel Uhr wirst du ankommen?«

»Gegen elf, denke ich.«

»Du meinst elf Uhr Centropolis-Zeit?«

»Ja.«

»Dann auf ein baldiges Wiedersehen«, sagt Mr. Smith und unterbricht die Verbindung mit Paris.

Nach dem Essen wünscht Dr. Wilkins aufzubrechen. »Ich erwarte Sie um zehn Uhr«, sagt Mr. Smith. »Heute scheint der Tag zu sein, an dem der berühmte Dr. Faithburn ins Leben zurückkehrt. Ich nehme an, dass Sie nicht daran gedacht haben. Die Wiederbelebung wird hier in meinem Haus stattfinden. Sie müssen kommen und es sich anschauen; ich verlasse mich darauf.«

»Ich werde wiederkommen«, antwortet Dr. Wilkins.

Wieder allein, beschäftigt sich Mr. Smith mit der Prüfung seiner Konten – eine Aufgabe von enormer Größenordnung, da er es mit Transaktionen zu tun hat, bei denen die täglichen Ausgaben oftmals 800 000 Dollar überschreiten. Glücklicherweise macht der erstaunliche Fortschritt der Mechanik diese Aufgabe in der heutigen Zeit vergleichsweise einfach. Mithilfe des elektronischen Rechenapparats können die komplexesten Kalkulationen in wenigen Sekunden durchgeführt werden. Nach zwei Stunden hat Mr. Smith seine Arbeit geschafft. Gerade noch rechtzeitig. Kaum hat er die letzte Seite umgeblättert, als Dr. Wilkins eintrifft. Ihm folgt Dr. Faithburns Körper, begleitet von einer großen Gruppe wissenschaftlicher Mitarbeiter. Sie beginnen sofort mit der Arbeit. Der Sarg wird in der Mitte des Raumes abgesetzt und das Telefot in Bereitschaft gebracht. Die Öffentlichkeit ist bereits informiert und wartet in gespannter Aufmerksamkeit; an diesem Tag soll die ganze Welt zum Augenzeugen der Prozedur werden, während ein Reporter, wie der Chor eines antiken Dramas, den Vorgang *viva voce* über das Telefon kommentiert.

»Sie öffnen den Sarg«, erklärt er. »Jetzt holen sie Faithburn heraus – eine regelrechte Mumie, gelb, hart und trocken. Wenn man auf den Körper schlägt, klingt er wie ein Stück Holz. Jetzt führen sie Hitze zu, und nun Elektrizität. Kein Erfolg. Die Versuche werden einen Moment lang unterbrochen, während Dr. Wilkins den Körper untersucht. Dr. Wilkins erhebt sich und erklärt den Mann für tot. ›Tot!‹, rufen alle Anwesenden aus. ›Ja‹, antwortet Dr. Wilkins, ›tot!‹ ›Und wie lange ist er schon tot?‹ Dr. Wilkins führt eine weitere Untersuchung durch. ›Seit einhundert Jahren‹, antwortet er.«

Was der Reporter sagt, entspricht den Tatsachen. Faithburn ist tot, ganz sicher tot! »Dies ist eine Methode, die der Verbesserung bedarf«, sagt Mr. Smith zu Dr. Wilkins, während das wissenschaftliche Komitee für Kälteschlaf den Sarg hinausträgt. »So viel zu diesem Experiment«, fährt er fort. »Aber wenn der arme Faithburn auch tot ist – wenigstens kann er schlafen. Ich wünschte, ich könnte etwas Schlaf bekommen. Ich bin erledigt, Doktor, ganz erledigt! Glauben Sie nicht, dass ein Bad mich erfrischen würde?«

»Gewiss. Aber ziehen Sie sich warm an, bevor Sie wieder auf den Korridor hinausgehen. Sie dürfen sich nicht der Kälte aussetzen.«

»Auf den Korridor? Nun, lieber Doktor, wie Sie wissen, wird hier alles von Maschinen erledigt. Ich werde nicht ins Bad gehen, sondern das Bad wird zu mir kommen. Sehen Sie nur!«, ruft er und drückt auf einen Knopf. Ein paar Sekunden später ist ein leises Rumpeln zu hören, das lauter und immer lauter wird. Plötzlich öffnet sich die Tür und die Badewanne kommt zum Vorschein.

Das ist also die Geschichte eines Tages aus dem Leben des Herausgebers des *Earth Chronicle* im Jahre 2889 unseres Herrn. Und die Geschichte dieses einen Tages ist die Geschichte von 365 Tagen eines jeden Jahres – außer in Schaltjahren, denn dann sind es 366 Tage, und bis jetzt wurde noch kein Mittel gefunden, die Dauer eines Erdenjahres zu verlängern.

Nachwort

Die Erzählung »Im Jahre 2889« stammt aus der Feder von Jules Vernes Sohn Michel Verne (1861 bis 1925), der sie mit Wissen und Billigung und unter dem Namen seines Vaters 1889 im New Yorker Magazin *The Forum* veröffentlichte. 1890 überarbeitete Jules Verne Michels Text gründlich und veröffentlichte seine Fassung im Jahr darauf unter dem Titel »Ein Tag aus dem Leben eines Journalisten im Jahre 2890« in mehreren französischen Zeitschriften. 1910 revidierte Michel Verne diese Neufassung seiner Geschichte ein weiteres Mal und nahm sie unter dem Titel »Im XXIX. Jahrhundert – Ein Tag aus dem Leben eines amerikanischen Journalisten im Jahre 2889« in den postumen Sammelband *Hier et demain* (Gestern und Morgen) auf, wo sie seitdem Teil von Jules Vernes Werkzyklus' *Voyages extraordinaires* (Außergewöhnliche Reisen) ist.

Die Unterschiede zwischen den einzelnen – insbesondere den ersten beiden – Textfassungen sind beträchtlich. Jules Verne erweiterte den Text nicht nur deutlich, er formulierte Teile der Geschichte um, vertiefte die Charakterzeichnungen und verfeinerte

Michels humorvollen Ton. Darüber hinaus änderte er die Namen von Hauptpersonen und Handlungsorten. So wurde aus Michels »Fritz Napoleon Smith« in Jules' Fassung »Francis Benett« (eine Referenz an den Gründer des *New York Herald*, James Gordon Bennett); aus dem *Earth Chronicle* wurde der *Earth Herald* (der bei Jules Verne keineswegs vom Ruin bedroht war) usw. usf. Bei der letztmaligen Bearbeitung für die Buchausgabe übernahm Michel viele Änderungen seines Vaters, kehrte in einigen Passagen aber auch zu seiner ursprünglichen Formulierung zurück.

Auf der ersten Seite der Geschichte in der Buchausgabe *Hier et demain* fügte Michel eine Fußnote ein, in der er auf die mehrmalige Bearbeitung des Textes Bezug nimmt:

> Dieses Fantasiestück erschien zum ersten Mal in englischer Sprache im Februar 1889 in der amerikanischen Zeitschrift *The Forum*; später wurde sie mit einigen Änderungen in französischer Sprache nachgedruckt. In der vorliegenden Version wurde gelegentlich auf den ursprünglichen englischen Text zurückgegriffen. M.J.V.

Die Fassung in *Hier et demain* folgt also im Allgemeinen Jules' Überarbeitung, und nicht – wie in der deutschen Übersetzung des Diogenes Verlags zu lesen ist – dem englischen Urtext. Im englischsprachigen Magazin *Verniania* hat Arthur B. Evans einen detaillierten Vergleich der verschiedenen Textfassungen vorgenommen.[1] Um die Evolution des Textes zu verdeutlichen, möge ein kurzes Zitat aus der letzten Fassung von 1910 genügen:

> »Nun, Cash, was haben Sie empfangen?«
> »Fototelegramme von Merkur, Venus und Mars, mein Herr.«
> »Ist dieses letztere von Interesse?«
> »Ja! Eine Revolution im Zentralreich zugunsten der liberalen Reaktionäre und gegen die konservativen Republikaner.«
> »Also genau wie bei uns! [...]«[2]

Beschränkte sich Michel 1889 noch auf die nüchterne Feststellung: »Es gibt eine Revolution im Zentralreich«, fügte sein Vater, der 1888 für die Republikaner in den Stadtrat von Amiens gewählt wurde, bereits eine politische Anspielung hinzu, auch wenn er noch von »liberalen *Demokraten*« sprach. In Michels erneuter Revision des Textes wurden daraus schließlich die oben zitierten *»liberalen Reaktionäre«*.

Als Jules Verne 1905 starb, hinterließ er mehrere Romanmanuskripte, die von seinem Sohn unter-

[1] Vgl. Arthur B. Evans: »2889« vs. »2890«. In: *Verniania* Vol. 10 (2017). http://www.verniana.org/volumes/10/HTML/2889vs2890.html (04.11.2022).

[2] Jules Verne: Au XXIXe siècle. La journée d'un journaliste américain en 2889. In: *Hier et demain*. Paris: Hachette, 1967.

schiedlich stark bearbeitet, erweitert und postum veröffentlicht wurden. Die Erzählung »Im Jahre 2889« ist insofern eine Besonderheit, als es sich hier um einen der wenigen dokumentierten Fälle handelt, bei denen Michel Verne mit dem Wissen seines Vaters als dessen »Ghostwriter« tätig war. Jules Verne schrieb im Januar 1889 an seinen Verleger Louis-Jules Hetzel:

> Der Artikel, von dem ich Ihnen während Ihres Besuchs in Amiens erzählt habe, ist im New Yorker *Forum* erschienen; nach Absprache zwischen Michel und mir wurde er vollständig von ihm geschrieben (dies nur unter uns) und er scheint sehr gut aufgenommen worden zu sein.[1]

Der einzige andere dokumentierte Fall betrifft den Roman *Das Reisebüro Thompson & Co.*, der vollständig aus Michels Feder stammt. Jules Verne hatte seinen Sohn wiederholt aufgefordert, einen Abenteuerroman zu schreiben; veröffentlicht wurde das Buch – unter Jules Vernes Namen – schließlich erst 1907, zwei Jahre nach dem Tod des Vaters.

Eigentlich sollte die Erzählung »Im Jahre 2889« Teil der Reihe *Im Zickzack durch die Wissenschaft*[2] werden. 1888 hatte Michel Verne in der Zeitschrift *Le Figaro* insgesamt neun Texte mit wissenschaft-

[1] Gondolo della Riva, Piero. »A propos d'une nouvelle«. *Cahiers de l'Herne: Jules Verne* 25 (1974): 284-288.

[2] In deutscher Übersetzung enthalten in: Jules Verne und Michel Verne: *Die Welt der Messieurs Verne*. Berlin: Edition Dornbrunnen, 2018.

lichen Plaudereien veröffentlicht, die inhaltlich und stilistisch ähnlich gelagert waren und von Jules Verne vor der Veröffentlichung durchgesehen wurden.[1] »Im Jahre 2889« war die einzige Erzählung aus diesem Zyklus, die unter dem Namen des Vaters veröffentlicht wurde. Alle übrigen *Figaro*-Texte erschienen unter Michels Namen.

Nun noch ein Wort zur Übersetzung der Erzählung. Weder Jules Verne noch sein Sohn sprachen besonders gut Englisch, sodass wir davon ausgehen können, dass Michel den Herausgebern des *Forum* seinen Text in französischer Sprache schickte, der erst danach ins Englische übersetzt wurde.[2] Es ist ein wenig schade, dass wir keinen Zugriff mehr auf Michels französisches Manuskript haben, da die Übersetzung einer Übersetzung immer ein wenig der »stillen Post« ähnelt. Die zahlreichen Unterschiede zwischen den verschiedenen Textfassungen lassen sich aber auch in dieser Form feststellen. Sowohl das englische Original als auch die französischen Fassungen springen übrigens recht unbekümmert zwischen den Zeitformen hin und her (die Beschreibung des Tagesablaufes wechselt mehrmals vom Präsens in die Vergangenheit und wieder zurück). In der vorliegenden deutschen Übersetzung wurde Smiths Tagesablauf einheitlich ins Präsens gebracht.

---

[1] Gesprächsnotiz mit Jules-Verne-Forscher Volker Dehs, 04.11.2022.

[2] Vgl. Arthur B. Evans: «2889" vs. «2890". In: *Verniania* Vol. 10 (2017). http://www.verniana.org/volumes/10/HTML/2889vs2890.html (04.11.2022).

Es ist nun an der Zeit, die ursprüngliche Version dieser fantasievollen Geschichte wiederzuentdecken. Vielleicht sind einige Leserinnen und Leser enttäuscht, weil sie eigentlich aus Michels Feder stammt und nicht – wie lange Zeit angenommen – dem Genie seines Vaters entsprungen ist? Das macht sie deshalb aber nicht weniger reizvoll, ist sie doch ganz vom Geist des berühmten Schriftstellers durchdrungen. Nicht zuletzt markiert sie eine wichtige Etappe auf Michel Vernes langem Weg zur künstlerischen Anerkennung durch seinen Vater.

Meiko Richert, November 2022

Im gleichen Verlag in der Buchreihe

Kleine Dornbrunnen Bibliothek

sind erschienen oder in Vorbereitung:

In der Reihe Kleine Dornbrunnen Bibliothek erscheinen Werke der klassischen Unterhaltungsliteratur, die seit vielen Jahrzehnten nicht mehr oder noch niemals in deutscher Sprache verlegt worden sind.

1. *Jules Verne*
   Pierre-Jean
   Eine Erzählung
2. *Alexandre Dumas*
   Der Pfarrer Chambard
   Eine Kriminalgeschichte
3. *Hippolyt Tauschinsky*
   Neues vom Doktor Ox
   Drei elektrische Geschichten
4. *Emilio Salgari*
   Die Wilden von Papua
   Zwei Seemannserzählungen
5. *Sir John Retcliffe* (H. Goedsche)
   Maria, der Ägypterin…
   Eine Novelle und zwei Gedichte
6. *Karl May*
   Nach Sibirien
   Eine Kriminalgeschichte
7. *Edgar Wallace*
   Auf der Strasse nach Witney
   Zwei weihnachtliche Kriminalgeschichten
8. *Paul Grabein*
   Der Vampir
   Eine Erinnerung
9. *Alexandre Dumas* (Sohn)
   Der Gehenkte von la Piroche
   Eine sonderbare Geschichte
10. *Hermann Meynert*
    Der Vampir und die Mumie
    Eine Erinnerung
11. *Edgar Rice Burroughs*
    D. Auferstehung d. Jimber Jaw
    Eine erstaunliche Geschichte
12. *David Wright O'Brien*
    Ein Sherlock des 25. Jh.
    Zwei Kriminalgeschichten von morgen
13. *Michel Verne*
    Im Jahre 2889
    Eine Skizze aus der Zukunft

– Weitere Bände in Vorbereitung –